L'ORGUE

A 100 FRANCS

DE LA MAISON ALEXANDRE PÈRE ET FILS

Considéré au point de vue artistique, historique
et civilisateur.

PAR LÉO LESPÈS

PARIS

Chez tous les Marchands de musique et chez PLOCHE,
libraire, 7, rue Buffault.

L'ORGUE

A 100 FRANCS

Paris. — Imp. de E. Brière et Cᵉ, rue Sainte-Anne, 55

L'ORGUE

A 100 FRANCS

DE LA MAISON ALEXANDRE PÈRE ET FILS

Considéré au point de vue artistique, historique
et civilisateur.

PAR LÉO LESPÈS

PARIS

Chez tous les Marchands de musique et chez PLOCHE,
libraire, 7, rue Buffault.

1856

L'ORGUE

A 100 FRANCS

DE LA MAISON ALEXANDRE PÈRE ET FILS

Considéré au point de vue artistique, historique
et civilisateur.

—

SON INVENTION

La grande tendance du siècle, le sentiment unanime né des conquêtes populaires en matière d'émancipation intellectuelle, c'est la vulgarisation de toutes choses par le bon marché. —

Les arts, l'industrie, les produits les plus splendides, ceux qui semblaient ne devoir être que la propriété des personnes riches, ont été donnés à tous, grâce aux perfectionnements de la science et à cette généreuse initiative qui tend à généraliser les œuvres et les inventions.

On eût traité, il y a cent ans, d'insensé, quiconque eût osé prédire que l'orgue, l'instrument le plus magistral, deviendrait un instrument populaire, et serait, par son prix, à la portée du budget des plus petites paroisses et des écoles les plus pauvres. — Ce tour de force est pourtant accompli, et MM. Alexandre père et fils, en créant l'Orgue à cent francs, ont ajouté triomphalement un chapitre de plus à cette brillante série des choses de luxe rendues populaires par le bon marché.

Et ce n'est point un fait sans importance dans l'histoire d'un art, d'une science, d'une industrie, que l'apparition subite et intelligente de cet auxiliaire accessible à chacun, et qui prépare, pour ainsi dire, le goût public aux grandes inspirations et aux grandes œuvres. — Qui sait à quel degré de supériorité notre musique religieuse serait arrivée, si, depuis un siècle, au lieu de l'harmonie bourdonnante d'un serpent, toutes les paroisses rurales avaient possédé cet accompagnement mignon, dont la forme est si petite et si commode, comme installation et comme transport, et dont la sonorité est pourtant tour à tour d'une puissance et d'une douceur infinies.

Un jour viendra, selon nous, où l'orgue expressif sera l'heureux émule du piano. Puisque tous les instruments ne sont en réalité que l'imitation plus ou moins parfaite, plus ou moins poétique de cet instrument créé par Dieu qu'on appelle la voix humaine, il y a tout à attendre de ce clavier auquel répond un souffle puissant, une haleine énergique, qui, contrairement au piano, gonfle le son et la nuance. L'orgue possède la passion, tantôt douce et suave, tantôt vibrante et tumultueuse, et c'est en raison de ses grandes qualités que, dès sa première apparition, le catholicisme, qui a illuminé de son auréole les plus splendides conceptions de l'esprit humain, l'a pris pour collaborateur dans ses pompes religieuses.

AVANTAGES DE L'ORGUE A CENT FRANCS

En créant l'Orgue à cent francs, MM. Alexandre père et fils ont agi en artistes et non en spéculateurs, et si lo succés est venu couronner leurs tra! vaux, c'est qu'ici-bas toute pensée libérale amène avec elle infailliblement sa récompense. Ils ont eu en vue deux buts qui n'échapperont point à tous les esprits sérieux initiés à la philosophie d'un art, et qui suivent avec intérêt les progrès civilisateurs de son influence.

En premier lieu, ils ont voulu donner aux plus pauvres fabriques, aux presbytères les plus humbles, le moyen de posséder un accompagnateur d'une parfaite justesse de son, d'une durée garantie, d'un usage facile.

En second lieu, ils ont accordé aux familles dont la fortune est la plus restreinte, aux foyers où l'économie est devenue une hôtesse indispensable, ce joujou harmonieux qui n'en contient pas moins un monde puissant sous sa légère enveloppe.

Nous examinerons tout à l'heure quels seront les résultats de ces deux pensées si ingénieusement mises en pratique. Mais pour bien faire comprendre les avantages de l'Orgue à cent francs, il nous paraît utile de dire ce qu'était l'orgue à l'époque de sa création, afin de faire ressortir, au moyen d'un utile contraste, les difficultés vaincues par l'art contemporain.

HISTOIRE DE L'ORGUE

Les arts ont leurs vicissitudes comme

la destinée humaine ; ils se débattent longtemps dans les formes rudimentaires, se développent avec lenteur dans les tâtonnements, et ne rencontrent que tard leur fin véritable.

Quelles phases laborieuses l'art musical n'a-t-il pas traversées, depuis le jour où il fut appelé à desservir les instincts mystérieux et inassouvis que l'homme recèle ! A ne l'envisager même que du côté de ses procédés purement matériels, quel travail de perfectionnement n'a-t-il pas fallu pour policer chacun des instruments qu'il a créés, pour l'amener à sa forme, à sa tonnalité, à ses moyens définitifs ! Comparez le tube grossier de Diodore à la flûte de Cadmus, la lyre de Timothée à la harpe d'Erard, l'épigone des Grecs au piano de nos salons, et vous aurez parcouru toute une naïve et curieuse légende de transformations patientes.

La science et l'industrie ont fait de nos jours d'incroyables progrès. On a perfectionné surtout les outils qui pouvaient servir au bonheur de l'espèce humaine, à son éducation, sa conservation, son bien-être, son agrément. La musique est sans contredit de tous les arts le plus variable et le plus progressif. La sculpture, la peinture, l'architecture semblent avoir atteint dans l'antiquité, ou, plus tard, à la renaissance, le plus haut degré de perfection auquel il nous est permis d'aspirer. On n'a rien fait de plus beau que le Parthénon, et il est douteux que Phidia et Apelles, Michel-Ange et Raphaël aient été dépassés jusqu'ici ou qu'ils le soient jamais. Mais qui peut mesurer la distance que le génie humain a parcourue dans la science des sons, depuis le monocorde et le plectre, la cymbale et la flûte de Pan, jusqu'à nos instruments de bois et de cuivre, si nombreux et si achevés ; depuis la mélopée antique et le plain-chant grégorien jusqu'aux merveilles de l'harmonie moderne et aux œuvres immortelles de Bach, de Mozart, de Beethoven, de Rossini ?

Pour ne parler ici que de l'orgue, comparez les premiers essais dont cet instrument a été l'objet aux perfectionnements qu'il a subis de nos jours, sous la main d'habiles facteurs.

L'origine de l'orgue paraît remonter à une haute antiquité ; mais l'époque de son invention et ses progrès jusqu'au dix-neuvième siècle sont enveloppés d'un voile impénétrable. Il n'est point de matière sur laquelle on ait publié plus d'erreurs et de conjectures hasardées que sur l'histoire de cet admirable instrument, et ce qui a pu y contribuer le plus, c'est le nom même qu'il porte actuellement. Dans les temps les plus reculés, on donnait le nom d'orgue à toute sorte d'outils ou d'instruments dont on se servait pour quelque usage que ce fût. Par la suite, il fut appliqué à tout concert de personnes qui chantent ensemble, et plus particulièrement à une réunion de joueurs d'instruments.

ORGUES DE L'ANTIQUITÉ

Suétone rapporte que, sous le règne de Néron, on vit paraître à Rome un orgue hydraulique d'une construction jusqu'alors inconnue, et que ce prince employa une partie de la journée à l'examiner avec la plus singulière attention.

Aucun instrument ne fut plus répandu que l'orgue hydraulique. On s'en servit dans les théâtres pour accompagner les pantomimes. Il y en avait dans les palais. Dans les cirques, il réglait les combats des athlètes et des gladiateurs. Il fut introduit dans les églises. De nombreux auteurs en parlent en termes clairs et précis.

Il paraît que, dès les premiers siècles de l'ère chrétienne, l'orgue était déjà parvenu à un haut degré de perfection. « Considérez, dit Tertullien, cette machine étonnante et magnifique, cet orgue hydraulique composé de tant de pièces, de parties différentes, formant un assemblage varié de sons, un si grand nombre de tuyaux, et cependant le tout pris ensemble n'est qu'un seul instrument. »

Deux siècles après, Claudion en faisait la description suivante :

« Sous l'impulsion légère de doigts errants, on fera résonner les sons innombrables d'une maison d'airain, et l'onde, agitée par un levier pesant, enfantera d'harmonieux concerts. »

Mais quel était ce magnifique instrument dont les effets étaint si puissants ? quel en était le mécanisme ? comment les sons pouvaient-ils être produits au moyen de l'eau ? Ce sont là des questions sur lesquelles règne la plus grande obscurité.

En 787, l'empereur Constantin Copronyme envoya à Pepin le fameux orgue qui fut placé dans l'église de

Saint-Corneille, à Compiègne, et dont la structure est tout à fait inconnue.

En 811, des ambassadeurs, venus de Constantinople à la cour de Charlemagne, apportèrent avec eux deux orgues, que les ouvriers de l'empereur imitèrent avec soin.

L'empereur bizantin Théophile, qui régna de 829 à 843, fit construire deux grandes orgues dorées, ornées de pierres précieuses et d'arbres dorés, sur lesquelles étaient peints des oiseaux qui faisaient l'effet des petits tuyaux, et chantaient au moyen du vent qui leur était amené par des conduits cachés.

Du dixième au treizième siècle, l'usage des orgues portatives fut très répandu ; c'est ce qu'attestent les nombreuses représentations de ces instruments sur les bas-reliefs et dans les manuscrits du moyen-âge.

On ne trouve que très peu de renseignements sur la facture de l'orgue à cette époque. Cependant, c'est dès ce temps que datent l'introduction des jeux composés, le perfectionnement des claviers à main, et l'invention de celu des pédales.

Malgré les perfectionnements apportés dans le mécanisme de l'orgue, la construction des soufflets était encore fort arriérée. Ils ressemblaient à ceux dont se servent les forgerons. C'est en 1570 qu'un facteur de Nuremberg inventa les soufflets à éclisses.

ORGUES DES XVIᵉ ET XVIIᵉ SIÈCLES

A la fin du seizième siècle, tous les jeux principaux employés maintenant étaient déjà connus. En 1596, il existait dans l'église de Sainte-Marie-Madeleine, de Breslau, un orgue placé au-dessus de la chaire, composé de trente-six jeux, trois claviers et pédales. Il s'y trouvait cent quatorze tuyaux en étain, quinze cent soixante-sept en métal et cinquante-trois en bois, en tout mille sept cent trente-quatre tuyaux et douze soufflets.

Les usages divers auxquels on l'appliqua, les différences de nation, de culte et de religion exercèrent une influence toute particulière sur la composition de l'orgue et ses effets harmoniques, et furent aussi la cause de la différence que l'on observe entre les orgues des églises catholiques et celles des églises protestantes.

« Jusqu'au seizième siècle, dit M. F.

Danjou, la liturgie catholique avait fixé
les règles de l'emploi de l'orgue dans
les cérémonies. Le rôle de l'organiste
consistait alors à jouer alternativement
avec le chœur des morceaux de musique ou de plain-chant. On ne se servait
pas de cet instrument pour l'accompagnement, mais le chœur chantait un
verset de l'office et l'orgue y répondait,
comme cela se pratique encore aujour-
d'hui dans toutes les églises de France.
Ce furent Luther et les autres réforma-
teurs qui introduisirent les premiers
dans les temples protestants l'usage
d'accompagner le chant des psaumes.
Cet usage s'établit promptement dans
les contrées où la réforme compte de
plus nombreux partisans, en Allemagne, en Angleterre et dans une partie
des Pays-Bas. Les catholiques, obligés

d'employer dans la lutte les mêmes armes que leurs adversaires, adoptèrent aussi généralement dans les mêmes pays l'usage d'accompagner sur l'orgue le plain-chant et les cantiques en langue vulgaire.

» En France, où les anciens rits se sont conservés intacts, l'orgue a continué d'alterner avec le chant du chœur et des fidèles, au lieu d'accompagner leur voix, et comme l'office catholique se compose d'un grand nombre de prières, de pratiques, de cérémonies dans lesquelles l'orgue est employé, il en résulte que la première condition de perfectionnement pour nos orgues a été la variété des jeux et des ressources. »

Le fait signalé par M. F. Danjou est très important. C'est dans l'esprit qu'il

indique que paraissent avoir été dirigés
les efforts des facteurs d'orgues depuis
la réforme. En Allemagne, les orgues
n'ont ordinairement que trois claviers
au plus; ils sont très fournis de jeux de
fond, dont les sons tout à la fois doux
et puissants conviennent pour accompagner de grandes masses de voix, et
les jeux d'anches y sont très rares. En
France, au contraire, ces derniers jeux
sont très nombreux et ils ont beaucoup
d'éclat. Les jeux de détail abondent, et
l'on rencontre jusqu'à cinq claviers,
dont les diverses combinaisons varient
et multiplient les effets naturels de l'instrument.

Dans le courant du dix-septième siècle et au commencement du dix-huitième, les facteurs d'orgues se jetèrent
parfois dans de ridicules innovations,

auxquelles trop souvent le mauvais goût applaudit. On se donna beaucoup de peine et l'on fit de grandes dépenses pour la décoration extérieure de l'orgue, on garnit tout le buffet de statues, de vases, de figures d'animaux. Souvent on orna es tuyaux de montre de peintures et de dorures : les bouches en furent converties en têtes de fleurs. On alla plus loin, on transforma en un véritable théâtre de marionnettes l'instrument destiné, par sa puissance et sa majesté, à contribuer aux solennités du culte divin. Dans ce ridicule spectacle, les figures d'anges jouaient un grand rôle; on leur mettait à la main des trompettes qu'elles portaient à leur bouche pour les faire sonner ; d'autres frappaient sur des tambours, des timbales et des carillons. Au milieu de ce chœur céleste, s'élevait un grand ange qui battait la mesure. Autour d'eux s'agitaient des étoiles argentées. La lune et le soleil tournaient sur des axes qui mettaient en mouvement une multitude de grelots et de sonnettes, pendant que des coucous, des rossignols et autres oiseaux mêlaient leurs chants à ces bruits confus et qu'un aigle planait au-dessus.

Nous avons lu dans un livre, dont le nom nous échappe, une particularité fort remarquable : certaines orgues avaient un registre destiné à faire éprouver une petite mystification aux personnes qui, par désœuvrement, s'amusaient à tirer les registres. Quand elles touchaient à un certain bouton dont l'étiquette pouvait exciter leur curiosité, une grande queue de renard leur sautait à la figure...

Les moines et les religieux des couvents, qui cultivaient les arts et les lettres, s'appliquèrent avec beaucoup de zèle à la construction des orgues. Mais bientôt l'Allemagne et l'Italie purent compter une longue suite de facteurs séculiers. Dans le dix-huitième siècle, leur nombre devint très considérable, et l'Europe se trouva remplie d'une grande quantité de magnifiques instruments.

Ce fut surtout en Allemagne, et principalement dans la Saxe, que l'art de construire les orgues fut porté à un haut degré. — En France, les Thierry, les Lépine, les Isnard, les Dallery et les Clicquot ont surpassé les Allemands.

ORGUES SOUS LES RÉVOLUTIONS ET JUSQU'A NOS JOURS

La Révolution de 1793, en détruisant nos églises et en dévastant celles qui restèrent debout, fit disparaître une grande partie des orgues en France. On ne sauva guère que celles qui furent employées à accompagner les chants patriotiques dans nos cathédrales transformées en temples de la Raison, et celles qui se trouvèrent dans les églises converties en magasins à fourrages. Pour réparer tant de pertes et satisfaire à tant de besoins, la facture de l'orgue n'était représentée à Paris que par le vieux Samer, Dallery et Collinet,

En 1827, Sébastien Erard mit à l'Exposition du Louvre un orgue remarquable par la belle disposition de son mécanisme et par la puissance de ses sons. L'exécution en avait été confiée à M. John Abbey, qu'Erard avait fait venir de Londres.

En 1829, ce célèbre facteur s'occupa d'un nouvel orgue pour la chapelle des Tuileries. Indépendamment des ressources et des perfectionnements que présentait celui de 1829, il y avait introduit un jeu d'anches libres, rendu expressif par le seul enfoncement des touches.

Malgré ces tentatives, l'orgue expressif resta presque ignoré.

En 1834, le gouvernement ayant décidé qu'une somme importante serait consacrée à l'établissement d'un orgue dans l'église de Saint-Denis, un concours fut ouvert, et l'on fit un appel à tous les facteurs de France. MM. Pierre Erard, Abbey, Collinet, Dallery et Cavaillé entrèrent en lice, et le projet de ce dernier fut adopté.

On sait que l'orgue de Saint-Denis ne fut inauguré qu'en 1841. Cet instrument, conçu sur un plan très vaste, était en construction, lorsque M. Barker vint apporter en France sa précieuse découverte du levier pneumatique; cette invention fut adoptée avec empressement par M. Cavaillé, et elle fut appliquée pour la première fois à l'orgue de Saint-Denis.

Pendant la construction de cet orgue, M. Cavaillé avait entrepris et terminé celle de l'orgue de Notre-Dame-de-Lorette. Il eut à lutter dans cet ou-

vrage contre les conditions les plus dé-
favorables d'emplacement et de sonorité. Il essaya vainement de lutter
contre de tels obstacles, et cet instrument ne peut pas faire juger du talent
de son auteur.

L'orgue, tel qu'il était au commencement du dix-neuxième siècle, était
arrivé à un degré de perfection qu'il ne
paraissait point possible de franchir.
Tous les sons appréciables à l'oreille
s'y trouvaient réunis. Tous les timbres
différents que l'on n'avait pu trouver
depuis vingt siècles composaient son
vaste domaine. Il était devenu le plus
riche de tous les instruments, mais il
lui manquait ce qui ne suit pas toujours
la richesse : la grâce et le sentiment.
On lui reprochait de ne pouvoir se prê-

ter à ces inflexions sans lesquelles il n'y a pas de sensibilité dans les instruments, ni de touchantes émotions autour d'eux. Par ses harmonies sévères, par ses vastes proportions et son prix élevé, l'orgue était l'hôte exclusif des métropoles et des cathédrales. On désirait plus de variété dans les timbres, plus de souplesse , un format plus commode, plus accessible à tous.

ORGUES INVENTÉES ET EXÉCUTÉES PAR MM. ALEXANDRE PÈRE ET FILS

C'est là un problème que MM. Alexandre ont victorieusement résolu. — Ces deux habiles facteurs ont doté l'orgue de deux avantages immenses : la perfection du son et la simplicité de la fabrication. Sans lui rien enlever de sa sonorité puissante, ils lui ont donné plus de charme et de poésie. Grâce à leurs efforts soutenus, l'instrument a progressé avec le siècle.

Tout a été dit sur le melodium, qui a valu à MM. Alexandre la médaille d'honneur à l'Exposition universelle de 1855. Il nous suffira de citer ici l'opinion émise sur la valeur de cet instrument par un des princes de l'art, par un des hommes les plus compétents de ce temps-ci. Voici comment s'est exprimé M. Ad. Adam, dans son feuilleton de l'*Assemblée nationale* :

« On sait ce qu'étaient les orgues harmonium, il y a une douzaine d'années. La lenteur avec laquelle ils parlaient dans le *pianissimo* rendait impossible l'exécution de toute autre musique que celle des *andante* et des *adagio*. Ce premier inconvénient disparut, grâce à l'adoption que fit M. Alexandre de l'ingénieux mécanisme de percussion de M. Martin (de Provins).

» Le son est produit par le frôlement du vent contre une petite lame de métal, et ce son varie d'après la dimension et l'épaisseur de cette lame. On comprend que le volume du vent étant le même pour toute l'étendue du clavier, les lames les plus épaisses et les plus courtes offrant plus de résistance à l'action de l'air, les notes graves et aiguës retardaient l'émission du son.

» M. Martin (de Provins) remarqua que ces lames rendaient par la percussion le même son qu'on en obtenait lorsqu'elles étaient mises en vibration par le vent, et il eut l'idée d'adapter au melodium un mécanisme de marteaux semblable à celui du piano. La seule différence est que le marteau, au lieu de frapper sur une corde, frappe sur une lame de métal ; étant attaquée à la fois par le marteau et par le vent, il n'y avait plus de retard possible dans l'émission du son. Grâce à cette remarquable et ingénieuse invention, le melodium devint un instrument accessible à toute espèce de musique, même la plus vive et la plus rapide. MM. Alexandre comprirent toute la portée de cette belle découverte ; ils s'empressèrent de la mettre en œuvre, et ceux qui ont eu le plaisir d'entendre madame Dreyfus, ou quelques-uns des artistes éminents qui ont consacré leur talent à l'étude des instruments de M. Alexandre, ont pu se convaincre des ressources variées et fécondes qu'ils offraient aux exécutants. »

Dans le monde intellectuel comme dans le monde physique, rien n'éclôt spontanément. Toute création est l'œuvre du temps; une découverte n'arrive à sa maturité qu'après avoir subi des modifications diverses. Avant qu'une idée se fasse jour et s'établisse définitivement dans le monde, il faut qu'elle germe, se développe et grandisse dans le cerveau de l'inventeur. Ceci est vrai de toutes les conceptions qui ont renouvelé le domaine des arts et des sciences; le but éclatant auquel on aspire n'apparaît d'abord que dans le lointain, à travers une vaporeuse atmosphère ; mais peu à peu la lumière se fait, l'horizon se colore, la distance s'efface, et l'on se trouve en possession de l'idéal rêvé.

Telle est l'histoire des vicissitudes qu'a traversées le melodium, ce chef-d'œuvre de MM. Alexandre. Cette histoire est curieuse et vaut la peine d'être racontée.

L'origine du melodium ou de l'orgue expressif date des premières années de ce siècle. Pour en trouver les premiers éléments constitutifs, il faut remonter à 1810. Vers cette époque, M. Grenié, amateur d'un mérite reconnu, produisit un petit orgue au moyen duquel on pouvait obtenir l'expression, résultat que jusqu'alors on avait inutilement tenté de réaliser pour le grand orgue. L'Institut fit un rapport favorable sur cet essai, qui était le point de départ d'améliorations importantes. Toutefois le système produit par M. Grenié n'eut point de conséquences immédiates. Les difficultés d'exécution n'étaient pas de nature à lui concilier les sympathies des artistes, il compta peu de partisans et l'anche libre, qui fut la base de l'orgue expressif de M. Grenié, ne devint la base de l'orgue melodium qu'après avoir subi un grand nombre d'applications défectueuses.

L'anche libre fit éclore un petit instrument qui conquit la faveur publique, ce fut l'harmonica, qui devint plus tard accordéon. Ce dernier instrument fut l'objet des soins particuliers de M. Alexandre père; il le perfectionna, y apporta d'heureuses innovations, et lui rendit son nom plus vrai d'orgue expressif.

Quoique·bien jeune encore à cette époque, M. Alexandre fils, dont les facultés avaient grandi sous l'influence des meilleures traditions, rêvait déjà les perfectionnements qu'il a depuis réalisés. Juste appréciateur de ce qui avait été fait, il ne chercha poiut à entrer dans une voie entièrement nouvelle ; il ne se jeta dans aucun de ces systèmes aventureux qui aboutissent presque toujours à de cruelles déceptions ; il voulut arriver au succès par des efforts soutenus, par des expériences multipliées et des études sérieuses. Cet esprit d'observation et cette prudente réserve devaient lui porter bonheur.

MM. Alexandre père et fils expérimentèrent les découvertes nouvelles, perfectionnèrent les timbres, et adoptèrent l'ingénieux procédé dû à un habile facteur, procédé qui consistait dans l'application des registres de l'orgue d'église à l'orgue à anche libre.

L'orgue expressif, doué de plusieurs jeux parlant ensemble ou séparément sur le clavier, attira dès ce moment l'attention des artistes. Son succès grandit rapidement, sa fabrication prit des proportions considérables. Mais des avantages matériels, quelque brillants qu'ils fussent d'ailleurs, ne pouvaient suffire à l'ambition de MM. Alexandre. Ils avaient le pressentiment confus de la mission qui leur était réservée dans le mouvement artistique du dix-neuvième siécle; ils étaient résolus à ne s'arrêter que lorsque leur tâche serait finie.

Les sons trop lents de l'orgue à

anché libre rendaient l'exécution des mouvements rapides impraticable. MM. Alexandre appliquèrent le système de percussion au melodium, et le domaine de cet instrument ne connut plus de limites. L'expression à la main et le prolongement des sons firent du melodium un instrument parfait, et permirent de reproduire sur un seul instrument des effets qu'il semblait impossible d'obtenir sans le secours de plusieurs.

A propos du melodium, nous lisons dans une publication récente :

« Les compositeurs sont les maîtres de l'art musical ; ils ont le sentiment, l'inspiration ; l'exécutant traduit, interprète eette pensée qui jaillit comme une étincelle, et il le fait d'autant mieux, qu'il possède, lui aussi, le sentiment de l'art. Mais pour prendre un libre essor, le génie musical a besoin d'un instrument qui soit le fidèle interprète du sentiment et de la science; il faut que l'artiste puisse reproduire -toutes les mélodies, tous les effets qu'il a sentis et devinés ; et nous le proclamons hautement, le melodium est l'instrument par excellence; il reproduit les nuances les plus variées, les mouvements les plus rapides comme les sons les plus larges, et peut remplacer un orchestre, car il réunit plusieurs instruments en un seul.

LA PROLONGATION DU SON APPLIQUÉE AU PIANO

Le piano, ce roi des salons, a exercé à son tour l'esprit inventif de

MM. Alexandre ; ils ont doté cet instrument des innovations les plus heureuses. Mais pour bien faire apprécier la
portée de ces modifications, il est né-
cessaire d'entrer dans quelques détails.

Ce serait une curieuse histoire que
celle du piano. En attendant qu'on
l'écrive, offrons-en un rapide aperçu.
— Né de l'union du clavecin et de l'é-
pinette, le premier piano vit le jour en
Allemagne, vers l'année 1745. De nombreux obstacles s'opposèrent longtemps
à ses progrès. Son petit volume ne
pouvait lutter avec avantage contre la
puissance sonore des grands clavecins à
plusieurs claviers et à registres. Améric
Baekers, facteur allemand, fixé à Londres, entreprit, en 1766, d'appliquer le
mécanisme du petit piano à de grands

instruments en forme de clavecins.
Enfin, après beaucoup d'essais, de travaux et de dépenses, le mécanisme du piano-forté fut trouvé et définitivement fixé. La découverte de l'échappement donna une grande impulsion à la facture.

On sait quels efforts d'imagination a faits Sébastien Erard pour perfectionner cet important procédé, et quel admirable mécanisme a été combiné par lui pour arriver à la plus parfaite répétition d'une même note. Mais deux difficultés immenses se présentèrent alors, et il ne fallut pas moins d'un demi-siècle pour les vaincre; la première consistait dans les conditions du piano carré, alors d'un usage général, et qui avait été conçu sur un plan primitivement défectueux; la seconde, dans la garniture des marteaux avec la peau de daim, écueil d'un grand nombre d'ouvriers. Un facteur d'une haute intelligence, M. Pape, trouva le remède simple et vrai à la plupart des défauts du piano carré, et déjà il commençait à construire d'excellents instruments de cette forme, lorsque parut, en 1827, le piano droit, dont le système particulier évitait toutes les difficultés du piano carré. C'est à M. Pape que l'on doit la substitution du feutre à la peau de daim pour la garniture des marteaux, substitution qui exerça par la suite une influence si décisive sur la fabrication.

A partir de ce moment, les bons pianos se multiplièrent. En 1830, lorsqu'on avait nommé les établissements de MM. Érard, Pape, Pleyel, on ne trouvait plus dans la facture des pianos que des noms obscurs et des instruments défectueux. Actuellement les produits de vingt facteurs peuvent rivaliser avec ceux des plus célèbres et des plus anciennes maisons. Nous ne parlons ici, bien entendu, que de la fabrication des pianos droits. Quant aux pianos à queue, on sait que jusqu'ici les établissements de Pape, Erard et Pleyel sont ceux qui ont fourni le plus à la consommation des instruments de ce format.

Avec l'orgue, seul le piano partage la magnifique prérogative de pouvoir combiner dans une même résonnance les effets mélodiques et les accords de l'harmonie. A côté de cette riche faculté, qui en fait tout un orchestre, quelle promptitude d'attaque, quelle vivacité d'articulation et quelle force, quelle variété de sons, quelle élégance et quel éclat !

Tant de dons précieux devaient lui assurer l'empire de la vogue ; aussi, de tous les instruments est-il peut-être le plus répandu. Pour le compositeur, il tient en réserve un ensemble de formules toutes prêtes, et bien souvent d'heureux hasards. Aux caprices du virtuose il fournit un champ spacieux, à ses témérités des refuges inattendus. Prêt à tout faire et à tout endurer, n'est-il pas l'unique concert des salons élégants, n'est-il pas l'hôte assidu, sinon le génie familier des plus modestes demeures? C'est qu'en effet, à tous les degrés de l'art, il est une ressource précieuse, quand il n'est pas un agrément plein de charmes.

Pourquoi le piano n'est-il qu'une ressource d'utilité dans les régions supérieures de l'art? pourquoi n'y est-il accueilli qu'avec une froide réserve, comme interprète de la véritable musique? Personne qui n'en ait le secret. Tout un enchaînement de défauts organiques, départ et stérilise ses plus brillantes qualités. Il est sonore, mais sec et heurté, rapide, mais confus, énergique, mais irritant, élégant, mais uniforme et monotone; chanteur à courte haleine, il babille les notes avec prestesse, comme le grésil qui tinte à nos vitres, mais il ne sait pas les accentuer avec sentiment. C'est qu'il lui est refusé par sa constitution même de soutenir les sons et de les nuancer, de les assouplir et de les lier. C'est qu'il ne peut simuler leur prolongation sans multiplier les attaques et sans captiver les mains à ce jeu stérile. C'est qu'il ne trouve la vigueur du coloris qu'aux prix d'assauts violents jusqu'à la fureur. C'est qu'il ne saurait déchaîner la sonorité de la grande pédale sans perdre la faculté de la réprimer à temps, et qu'il *embrouille tout dans ses masses plaquées*, comme dit Castil-Blaze.

Après avoir fait le désespoir des facteurs, cette laborieuse et confuse aridité d'expression a fini par amener le découragement des artistes les plus illustres. Voyez ce qu'il vous reste de cette brillante pléiade qui a réfléchi tant d'éclat sur le piano: tous ont succombé à l'œuvre ingrate. Liszt, Thalberg, Hermann, Meyer, Gostschalk. Smith, madame Pleyel, tous l'ont délaissé, pour réparer dans la retraite leur lassitude et leur dégoût.

DÉTAILS DE LA VIBRATION PROLONGÉE

Mais voici qui doit relever le courage de ces héroïques désespérés : le piano avait une voix, on lui a transfusé une âme. La réussite de cette tentative hardie est un fait qu'il n'est plus permis de contester et qui fera époque dans l'art; elle est le fruit des infatigables recherches de MM. Alexandre.

Par une découverte, aussi simple dans son application que radicale dans ses effets, ces habiles facteurs ont remédié à la défaillance organique du piano, discipliné ses éléments, et régénéré ses heureuses facultés en les complétant.

L'invention de MM. Alexandre s'est produite avec cette particularité éminemment heureuse, qu'elle n'exige aucune réforme dans l'organisation du piano, ni la moindre modification, ni le moindre déplacement. Elle consiste en un appareil d'un petit volume et d'un bon marché remarquables, qui s'adapte à tous les procédés, à tous les modèles, sans demander autre chose qu'une place modeste dans le vide de l'instrument. Cet appareil est tout simplement un système de soufflet, dont une pédale entretient le jeu au moyen d'une légère pression renouvelée toutes les quinze ou trente mesures.

Par l'effet de ce simple mécanisme, la vibration se prolonge avec une rondeur égale, sans éprouver d'autre arrêt que celui provoqué par la volonté. C'est précisément dans cette *prolongation* que le piano trouve enfin le souffle qui lui manquait, et à la fois l'affranchissement de ses facultés propres. Il faut consulter, pour de plus amples détails, le savant ouvrage de M. Frélon sur l'*Orgue Alexandre*.

Ce ne sont pas les seuls avantages que le piano emprunte au mécanisme de MM. Alexandre. Dans cet accouplement salutaire il dépose le timbre irritant de sa voix métallique; il se dégage de l'inévitable confusion engendrée par la grande pédale; il déroule une sonorité plus égale, plus ronde, plus nourrie, plus pure et plus douce.

En résumé, le système de MM. Alexandre enlève au piano les imperfections qu'on lui a justement reprochées, et lui communique des qualités qui semblaient incompatibles avec sa nature.

Au Conservatoire comme à l'Institut, parmi les pianistes comme parmi les compositeurs, il n'est guère d'illustrations incontestées qui n'aient engagé leur patronage à cette découverte : c'était en faire une révolution définitive. Quel autre nom donner à une innovation de cette importance, quand elle est sanctionnée par la haute compétence de juges tels que Berlioz, Halévy, Adam, Thalberg, Liszt, Panseron, Benoist, Marmontel, Quidant, Stamaty, Ravina, Baptiste, Cohen, Massard, Lacombe, Brisson, Daussoigne-Méhul, Talexy, Wolf, mesdames Dreyfus, J. Martin ? Est-il be-

soin de prolonger cette splendide no-
menclature pour justifier la portée et
l'avenir du piano-orgue ?

Les critiques les plus éminents se sont
empressés de rendre hommage à la supériorité de ce mécanisme. M. Fiorentino en a donné la description suivante, dans le *Constitutionnel* du 27 juin
1854 :

« Comme toutes les inventions d'une
utilité réelle et générale, le nouveau
système est fort simple. On peut le voir
adapté déjà à des pianos d'une forme
et d'une richesse rares, chez MM. Alexandre, dont les ateliers ne désemplissent
pas.

» Grâce à cette invention si simple,
comme toutes les grandes découvertes,
vous pouvez faire durer le son et con-

tinuer l'effet de la vibration de la corde tant que vous voudrez. »

M. Fiorentino résumait en ces termes les avantages du nouveau mécanisme appliqué au piano :

« Amélioration du timbre actuel du piano, sonorité plus ronde, plus égale et plus pure, absence de monotonie et de confusion produite par la grande pédale, continuité de l'effet de vibration, durée illimitée de l'accompagnement du chant, vigueur et plénitude d'harmonie sans attaquer rudement la note, simplicité extrême, incontestable supériorité sur tout ce qui s'est fait jusqu'ici. »

Nous n'avons rien à ajouter à cette remarquable analyse, à cette exacte et judicieuse appréciation. Mais un fait bon à constater, c'est que le nouveau système ne froisse aucun intérêt, n'attaque aucune position acquise; en dotant le piano des facultés les plus précieuses, la maison Alexandre ne s'est posée en rivale d'aucun facteur. Son mécanisme s'adapte indifféremment à tous les pianos, n'en augmente pas le prix de beaucoup, les conserve et les rend meilleurs. C'est ce qui explique pourquoi cette ingénieuse et belle combinaison n'a point eu à lutter contre les obstacles et les rivalités haineuses

L'ORGUE PIANO LISZT

Parmi les suffrages dont MM. Alexandre peuvent s'enorgueillir à bon droit, il faut citer le célèbre Liszt, pour lequel ces habiles facteurs ont construit un magnifique instrument qui a excité l'admiration générale.

M. Adolphe Adam, dont les appréciations ont tant de justesse et de portée, a consacré au nouveau mécanisme une étude spéciale. Nous en reproduisons les passages suivants :

« MM. Alexandre viennent de parer à tous les inconvénients qu'on avait signalés jusqu'ici, ncn pas en construisant un piano (ils n'ont pas cette prétention, ils se contentent d'être les facteurs des meilleures orgues expressives qui existent), mais en adaptant l'orgue à d'excellents instruments d'Erard, de Pleyel et d'autres éminents facteurs.

Convaincu de l'immense avenir du nouveau système, M. Adolphe Adam ajoutait :

Cet instrument ou deux claviers présentent à la fois l'orgue et le piano aux doihts de l'exécutant, produit des effets admirables. Ce sont deux rivaux qui unissent leurs mélodieux efforts, c'est une bonne fortune pour l'harmonie et les improvisateurs.

Au moment où il écrivait ces lignes, M. Adam ne se doutait peut-être pas que MM. Alexandre, ces chercheurs infatigables, allaient mettre le sceau à leur renommée par une des créations les plus populaires de notre époque, nous voulons parler de l'Orgue à cent francs, dont l'apparition inattendue a excité tant d'émotion et de surprise.

L'ORGUE A CENT FRANCS

Nous l'avons déjà dit, l'orgue, ce roi

des instruments, n'avait accès que dans les cathédrales et dans les métropoles. Son prix était trop élevé pour que l'humble église du village pût en faire l'acquisition. Comment, d'ailleurs, de chétives communes auraient-elles pu se procurer des ressources suffisantes pour payer un organiste? Ces difficultés, MM. Alexandre les ont résolûment abordées et heureusement résolues. L'Orgue à cent francs est le dernier mot d'un système dont le melodium et l'orgue-piano avaient été de merveilleuses applications. De beaux instruments sont ainsi rendus accessibles aux moindres localités. Se prêtant aux inspirations les plus élevées comme aux fantaisies les plus gracieuses, l'orgue a désormais sa place marquée dans les salons, dans la boutique du marchand, dans la mansarde de l'ouvrier, comme dans les chapelles et les églises.

Quand l'Orgue à cent francs fit sa première apparition, nous nous empressâmes d'en signaler les éminents avantages. Voici en quels termes nous faisions ressortir les conséquences de cette révolution qui a déjà transformé le monde des arts :

« Ce n'est point un mythe, un miracle une fois accompli, c'est un objet dont il se vendra des quantités prodigieuses. — Cet orchestre mignon, dont les harmonies douces dorment sous une élégante enveloppe, je l'ai chez moi, devant mes yeux, au moment où j'en trace l'imparfaite monographie.— Tout y est complet, les touches d'ivoire, les dièses d'ébène, la complaisante pédale. Posez votre main sur le clavier, et une voix de géant sortira de ce nain élégant, voix robuste qu'il vous est possible d'adoucir et de plier aux plus suaves et aux plus sentimentales rêveries. »

» Cette invention de l'Orgue à cent francs, c'est son brevet de naturalisation dans la vie de famille, c'est son admission dans toutes les classes de la société. Ce que le piano ne saurait faire avec le système de vibration, par le mécanisme des cordes métalliques, l'orgue l'exécute avec son système simple et facile. — Le piano à cent francs est une impossibilité ; instrument délicat et impressionnable, il lui faut les ménagements les plus grands, les raffinements les plus coûteux, les réparations

les plus fréquentes, si l'on veut conserver la sonorité, la justesse et l'accord.
L'orgue, au contraire, énergique et
puissant, n'a eu qu'à assouplir sa nature vigoureuse, sans abdiquer pour
cela ses qualités de solidité, pour join-
dre les douceurs les plus suaves au mécanisme le plus viril.

» L'Orgue à cent francs est le couronnement, le résumé, et en quelque
sorte la synthèse des travaux de
MM. Alexandre. Il vient donner à leur
génie créateur une éclatante et suprême
consécration. Sa place est marquée
parmi les inventions les plus curieuses,
les plus utiles, les plus fécondes, les
plus attrayantes et les plus populaires
d'une époque dont les aspirations et
les vœux ont pour objet la vulgarisation
de l'art sous ses formes variées.

» L'Orgue à cent francs, c'est la joie, le bonheur de la vie intime, c'est le foyer domestique transformé, c'est la vie morale s'épanouissant au souffle de la mélodie. L'harmonieux instrument est le compagnon, l'ami, le bienfaiteur de la famille. Il se prête avec une surprenante flexibilité à toutes les nuances du sentiment, il est l'interprète de toutes les émotions, et ses accents tour à tour graves, mélancoliques, légers et brillants, sont en harmonie avec les diverses phases de la vie de l'homme. A l'aïeul affaissé sous le poids des ans et des douleurs, il rappelle les ardents et beaux souvenirs de la jeunesse; à l'enfant il communique de douces et salutaires émotions, qui ne s'effacent pas, se gravent profondément dans le cœur, et valent bien les arides préceptes de l'école; à la jeune fille rêveuse il prodigue d'étincelants caprices, de délicieuses fantaisies. La famille écoute la voix de l'instrument, et les heures s'écoulent, les tristes préoccupations s'effacent, les cœurs rajeunissent, de riantes perspectives s'ouvrent à l'imagination.

» L'Orgue à cent francs, c'est la réalisation d'un vœu resté longtemps à l'état d'utopie et de chimère, c'est l'initiation du peuple aux plus exquises délicatesses de l'art. La moralisation du peuple est un grand mot, que depuis cinquante ans on répète sans cesse; des idéologues ont crié sur tous les tons qu'il fallait élever le niveau de l'intelligence populaire; ils ont joué sur ce thème toute sorte de variations, et pourtant l'idée n'avait pas fait un seul pas, elle était restée à l'état d'abs traction et d'hypothèse. Il a fallu qu'un industriel, qu'un artiste vînt donner à cette vague formule une fécond eapplication. — L'Orgue à cent francs est la solution d'un problème posé par la philosophie moderne; le rêve devient une réalité, la chimère prend un corps.

» Voici l'art nouveau qui n'avait été que vaguement entrevu jusqu'à ce jour. Voici la musique mise à la portée de tous. Voici la mélodie, cet hôte privilégié des salons aristoratiques, qui abdique ses orgueilleuses prétentions; elle descend dans les dernières couches sociales et se fait l'amie, la consolatrice des humbles, de ceux qui dans leurs labeurs continus, dans leur course haletante, supportent tout le poids du jour.

» On a beaucoup fait pour l'enseignement de la musique; le Gouvernement et les autorités locales ont rivalisé de zèle pour propager dans les écoles du peuple les éléments de cet art; d'heureux résultats ont été obtenus. Mais ces résultats seraient incomplets, si l'enfant devenu ouvrier ne trouvait le moyen de développer son goût, d'agrandir son instruction musicale. Pour atteindre ce but, il fallait un instrument d'un format commode, d'une touche facile et surtout d'un prix peu élevé. A ce point de vue, l'invention de l'Orgue à cent francs est un bienfait pour les classes ouvrières. Avec les facilités de payement que donnent

MM. Alexandre, cet instrument sera bientôt partout.

» L'Orgue à cent francs, c'est une révolution morale, c'est la poésie assise au foyer et dorant de ses reflets l'existence du travailleur, cette existence parfois si terne, si monotone. Le chef-d'œuvre de MM. Alexandre a donc une portée éminemment morale; c'est dire que sous tous les rapports, il est digne des éclatants suffrages qui l'ont déjà accueilli. »

Voilà en quels termes nous nous exprimâmes lors de l'apparition de l'Orgue à cent francs. Nos prévisions ont été pleinement confirmées depuis cette époque; le succès a été décisif, immense, universel. En France et à l'étranger, il n'y a eu qu'une voix pour

proclamer les bienfaits de la révolution qui vient de s'accomplir dans le
monde musical. L'orgue à cent francs
a la sanction des hommes de science,
qui s'accordent tous à reconnaître la
supériorité de son mécanisme et la
merveilleuse variété de ses effets ; mais
il a surtout les suffrages du public, les
sympathies de toutes les classes. L'o-
pinion publique l'a adopté d'une façon
définitive. L'impulsion est donnée, et
bientôt il n'y aura point d'église de
village, d'établissement public, de salon, de ménage de bourgeois, de marchand et d'ouvrier qui ne possède l'Orgue à cent francs.

On a beaucoup déploré la condition
des inventeurs. On a dit que les plus
belles, les plus utiles découvertes res-

taient longtemps méconnues, et ne rencontraient même quelquefois que des raîlleries et des sarcasmes. — Il y a dans ces plaintes une évidente exagération. — Si des inventeurs d'un mérite réel n'arrivent que difficilement au succès, c'est qu'ils ne savent pas de prime abord formuler leurs idées d'une façon nette, saisissable, intelligible pour tous. — Quoi qu'on en ait dit, l'esprit français ne repousse rien systématiquement, il ne s'effraie d'aucune tentative, il n'est hostile à aucune conception, quelque hardie qu'elle soit; mais ce qu'il veut, c'est qu'on lui démontre clairement la valeur, l'utilité, le côté pratique des innovations qu'on lui propose. Dédaigneux de tout ce qui est chimérique, vague ou in-

complet, il accueille avec empressement toutes les idées justes et fécondes.
Sous ce rapport, il possède un instinct
merveilleux qui ne le trompe jamais.
— Qu'on mette dans la circulation une
découverte dont la portée et les conséquences soient nettement définies, et
vous verrez avec quelle puissance et
quelle rapidité elle fera tressaillir la
fibre populaire. L'expérience vient à
l'appui de nos assertions. Qu'on nous
cite donc, depuis le commencement de
ce siècle, un progrès réel qui n'ait été
promptement sanctionné par l'opinion
publique.—C'est à tort qu'on reproche
à l'esprit français d'être routinier; il
n'accable de ses dédains que le charla-
tanisme et la médiocrité; toutes ses
sympathies sont pour les hommes de
haute valeur et d'initiative.

La grande objection faite habituellement contre les inventions nouvelles, l'objection qu'on reproduit sous toutes les formes est celle-ci : Prenez garde de vous laisser entraîner par un fol enthousiasme, par une passion irréfléchie pour des nouveautés séduisantes. Le temps est un grand maître, qui fait justice des exagérations, rectifie les erreurs, réforme les jugements précipités, et restitue à chaque création de l'intelligence et du travail humain sa valeur et sa portée véritables.

POPULARITÉ DE L'ORGUE A CENT FRANCS

Ce raisonnement, vrai dans bien des circonstances, ne saurait s'appliquer en aucune façon à la découverte de MM. Alexandre. Dès son début, l'Orgue

à cent francs a obtenu ce qui manque
encore à beaucoup d'inventions déjà
vieillies, la constatation de son utilité
pratique. Par un heureux et rare pri-
vilége, elle a pu se passer de l'épreuve
du temps. Quoique née d'hier, elle a
déjà la sanction de l'expérience. Elle
est arrivée de prime abord et par
la seule vertu de son mérite intrin-
sèque, à cette période de développement et de succès qui est presque toujours la conséquence de tâtonnements
et de tentatives multipliés.

A propos de l'Orgue à cent francs, il
s'est produit un fait tout à fait excep-
tionnel dans les annales de la facture
instrumentale, un fait d'une importance
capitale et dont aucun homme d'intelligence et de bonne foi ne saurait mé-
connaître la portée. — On sait les pré-

ventions, les défiances plus ou moins légitimes que tout instrument nouveau a rencontrées jusqu'ici dans le monde musical. Quel est l'instrument nouveau qui n'ait pas eu ses détracteurs? Quel est celui qui n'a point été décrié par les partisans de la routine, si nombreux encore dans notre siècle de lumières et de civilisation avancée ? — Tout facteur doué du génie de l'invention a dû s'attendre à des déceptions amères. Les railleries des uns, les critiques intéressées des autres, sont venues lui barrer le chemin. Il lui a fallu compter avec la jalousie de ses confrères, les sourdes manœuvres de ses concurrents, les étroits préjugés de certains artistes qui ne veulent *rien apprendre ni rien oublier.* — L'Orgue à cent francs a eu la bonne fortune, l'honneur insigne de n'avoir point à subir ces inconvénients ; il n'a eu qu'à se montrer pour conquérir toutes les sympathies. Les sommités du monde musical, les artistes en renom, les maîtres de la science, lui ont donné des témoignages publics, éclatants, spontanés d'une adhésion sans réserve.

En présence de cet assentiment raisonné, aucune rivalité haineuse n'a osé se produire, et nous avons vu un phénomène peut-être sans exemple, une invention qui vient révolutionner le monde des arts, encouragée, patronnée, soutenue par une foule d'hommes qui, partis de points différents, suivant des routes diverses, se sont rencontrés dans une commune approbation.

Cette unanimité de témoignages est la conséquence de l'habileté supérieure que MM. Alexandre ont déployée.

Au point de vue de l'industrie de la

facture, l'Orgue à cent francs réalise un progrès immense, progrès obtenu sans bouleverser les principes et les règles établis. — Au point de vue musical, il vient donner aux œuvres de l'art une plus large expansion, une nouvelle vie.

Un des principaux mérites de l'Orgue sur la masse, c'est le sentiment. — Le sentiment est l'essence de la musique, dont le but est de rendre toutes les nuances du sentiment, et de traduire cette poésie intime, ces spiritualismes rêveurs qui s'agitent dans les profondeurs de notre âme. L'expression, ce murmure enchanteur et divin, qui saisit à la fois l'oreille, l'esprit et le cœur, l'expression, avec ses nuances variées et fugitives, avait semblé jusqu'à ce jour ne pouvoir être réalisée complètement que par des instruments volumineux et d'un prix élevé. C'est là l'écueil contre lequel avait constamment échoué la facture instrumentale. L'orgue, malgré ses perfectionnements successifs, était [resté très cher sous ce rapport. Le piano était accusé à bon droit de monotonie et de sécheresse. Grâce à son ingénieuse simplification, l'Orgue à cent francs est venu résoudre un problème à la poursuite duquel tant d'intelligences s'étaient vainement élancées. Il parle, comme un orgue de haut prix, une langue qui répond à toutes les émotions du cœur ; il a le charme, le coloris musical, l'expression soutenue, nuancée, poétique.

L'Orgue à cent francs possède une fécondité de ressources et une variété d'accents qui lui permettent d'aborder avec succès tous les genres de compo-

sition. Le même instrument qui soupire
Gluck, Haydn ou Cimarosa exécute la
cavatine du *Barbier* ou l'adagio *d'Il
Trovatore*. Comme le siècle, dont il résume les tendances artistiques, il sait
unir le grave au doux, la voix sévère
de l'invocation aux gracieuses modula-
tions de la fantaisie. Tantôt il nous
émeut comme une plaintive et suave
élégie, tantôt il nous emporte dans le
tourbillon tumultueux des passions hu-
maines. Après nous avoir révélé tous
les secrets de l'accentuation dramati-
que, il nous ravit sur les ailes de la
prière, dans les sphères rayonnantes
du spiritualisme chrétien.

Cette souplesse dans un instrument à
bon marché est un des caractères les plus
remarquables de l'Orgue à cent francs.

Cela seul suffirait pour lui assigner une
place à part dans la facture instrumentale

Qui donc aurait osé pressentir ou
soupçonner, il y a quelques années
seulement, que le jour était proche ou,
grâce aux progrès de la science, on par-
viendrait à réunir dans un seul instrument d'un prix si minime. un orchestre complet, parcourant toute la série
des idées musicales, depuis les plus
sévères mélodies jusqu'aux plus douces cantilènes ? Ce qui eût paru un tour
de force inexécutable est aujourd'hui
un fait accompli. L'imitation la plus
parfaite de la voix humaine, de ses
modifications et de ses inflexions variées, de ses mouvements tour à tour
lents et rapides, tel est le prodige réa-
lisé par l'Orgue à centfrancs. On peut
dire que sous cette chétive enveloppe

s'agite un monde demélodies. Tous les accents du cœur, toutes les voix de la nature, toute la poésie de la [religion et de l'amour se trouvent réunis dans cet orchestre mignon, qui résume la science des siècles antérieurs et celle de notre époque.

L'Orgue à cent francs se distingue à la fois par la beauté, la durée et la perfection du son. Il faut avoir entendu le nouvel instrument pour se faire une juste idée des accents mélodieux, purs et complexes qui s'échappent de son sein. Ses vibrations prolongées lui permettant de reproduire une foule d'effets merveilleux, nous offrent le moyen d'apprécier tous les détails de la mélodie et de suivre jusqu'aux plus légères ondulations de la phrase musicale. Quelle que soit la disposition intérieure du lieu où l'on se trouve, le son arrive net et distinct à l'oreille de l'auditeur, qui en saisit avec une extrême facilité les nuances les plus délicates et les plus fugitives.

Une des qualités les plus précieuses de l'Orgue à cent francs, c'est la solidité, et, chose étrange, cette solidité s'allie à une légèreté et à une élégance remarquables. Tout en assouplissant sa nature vigoureuse, l'orgue conserve ses conditions de solidité; il résiste à l'épreuve du temps et à l'influence de la température. Il n'a point les organes susceptibles, et si l'on peut s'exprimer ainsi, le tempérament nerveux de certains instruments, il n'exige ni ces soins assidus, ni ces réparations fréquentes qui rendent le piano exccessivement coûteux et s'opposent conséquemment à sa popularité. L'Orgue à cent francs a le rare mérite de conserver sans altération la sonorité du timbre et l'accord.

Un autre avantage de l'Orgue à cent francs, c'est la simplicité de la fabrication. Sans rompre avec la tradition, MM. Alexandre sont entrés dans une route nouvelle, et le résultat de leurs efforts a été l'application d'un mécanisme exempt de tout rouage inutile et de toute complication. Et pourtant, l'Orgue à cent francs ne laisse rien à désirer ; tout y est complet, tous les éléments nécessaires ont concouru à sa construction. Qu'on examine avec attention : on sera frappé de l'économie des moyens mis en œuvre, il n'y a là rien de superflu ;

mais sous cette simplicité se cache une conscience parfaite. Il suffit, pour s'en convaincre, d'étudier la puissance et la variété des effets produits par le mélodieux instrument.

Un mérite secondaire, sans doute, mais qui n'en est pas moins très réel et très apprécié, c'est le peu de place qu'occupe l'Orgue à cent francs ; aussi est-il le bienvenu dans les appartements les plus modestes. Il ne se pose point en usurpateur ; il ne gêne, il n'importune personne ; il est pour tous un hôte facile et bienveillant. [Sous son élégante enveloppe de chêne, il attend que vous posiez la main sur le clavier pour vous prodiguer tous les trésors de l'harmonie.

La commodité de son format est assurément une des principales causes de sa popularité. — L'Orgue à cent francs, c'est l'art musical à l'état portatif. — Existe-t-il un meuble d'un transport plus facile que ce bijou instrumental ? Quand vous allez à la campagne il devient votre compagnon obligé, car il n'augmente pas de beaucoup votre léger bagage. — Le voilà installé dans votre maison des champs ; il y charme vos loisirs, il module de gracieuses chansons en harmonie avec les paysages ravissants et la nature accidentée qui vous entourent.

A la commodité du format, l'Orgue à cent francs joint la facilité du jeu. — Pour tirer des flancs de l'instrument les douces et puissantes harmonies qu'ils recèlent, il ne faut être ni un musicien habile, ni un virtuose consommé. Un homme possédant des connaissances très superficielles peut faire manœuvrer cet orchestre.

Nous venons de signaler quelques-uns des mérites qui distinguent l'invention de MM. Alexandre; mais la qualité la plus saillante de l'Orgue à cent francs, celle sur laquelle il importe surtout d'insister, c'est l'action bienfaisante, éminemment salutaire qu'il doit produire au point de vue de l'avenir de la civilisation.

AVANTAGES MORAUX DE L'ORGUE A CENT FRANCS

Tous les grands philosophes de l'antiquité ont été d'accord sur l'influence qu'exerce la musique sur l'adoucissement des mœurs. — Pythagore voyait dans l'harmonie des sphères célestes le principe de ces accords qui maintiennent l'ordre dans le monde physique et moral; de ces sons modulés, qui, se groupant, s'enchaînant, formant un tout homogène, sont la source de nos plus pures jouissances et de nos plus vives sensations. — Platon, qui excluait les poètes de sa république idéale, y offrait une splendide hospitalité aux musiciens, qu'il considérait comme les moralistes des peuples. — Les philosophes modernes sont sur ce point de l'avis des philosophes anciens.

L'histoire vient à l'appui des témoignages émanés des plus beaux génies de tous les siècles. — Quand le christianisme vint illuminer le monde, un des premiers soins de la religion naissante fut de relever la pompe de ses cérémonies, l'éclat de ses fêtes par les prestiges de l'art musical. Sous la voûte des premières cathédrales, les cantiques sacrés et la grande voix de l'orgue initièrent les fidèles aux mystères d'une religion de terreur et d'amour, de paradis et d'enfer. La musique, associée au catholicisme, devint la consolatrice des opprimés. Elle inspira la pitié aux forts, l'humilité aux orgueilleux, la douceur aux natures rudes et sauvages, l'espérance aux affligés, la résignation aux faibles et aux petits ; à tous ceux dont les pieds étaient meurtris par les ronces du chemin, elle s'offrit comme une fraîche et bienfaisante oasis. Tour à tour pleine de force, de majesté, de tendresse et d'onction, elle ravissait les âmes souffrantes aux distractions terrestres ; elle leur communiquait les saintes émotions de l'extase ; elle les rapprochait de l'idéal divin, du type incréé, des splendeurs de la vie à venir.

Envisagé au point de vue de la société politique et civile, l'art musical n'eut pas des résultats moins importants. — Sous son influence, la physionomie du moyen-âge se modifie, ses mœurs s'épurent. Au sein même de la barbarie féodale, elle fait éclore ces sentiments chevaleresques, cette fleur de galanterie, ces traditions de loyauté, de respect pour la femme, dont nos vieux fabliaux et nos légendes naïves ont gardé le souvenir. Avec les troubadours, les jongleurs, les ménestrels, elle parcourt l'Europe dans tous les sens. Elle se mêle aux cours d'amour, aux tournois, aux carrousels. — En un mot, elle est l'expression d'un ordre social qui eut pour base deux grandes idées, ou plutôt deux sentiments d'un ordre supérieur, la religion et la chevalerie.

Il est peu de grands écrivains qui ne se soient plus à constater le rôle civilisateur de l'art musical et sa poétique influence.

Bernardin de Saint-Pierre, qui porta tant de finesse et de curiosité sympathique dans l'étude des harmonies naturelles, a précisé en quelques lignes éloquentes l'action que ces harmonies exercent sur l'âme humaine :

« L'homme, dit-il, est attentif au chant des oiseaux... La nature a répandu ces distractions et ces concerts de fortune sur des êtres volatiles, afin que notre âme, susceptible de tous les maux, trouvant partout à les étendre, pût partout en affaiblir le poids. Elle a rendu capables de ces communications les corps même insensibles. Souvent elle nous présente, au milieu de scènes qui affligent notre vue, d'autres scènes qui réjouissent notre ouïe, et nous rappellent d'intéressants ressouvenirs. C'est ainsi que du sein des forêts, elle nous transporte sur le bord des eaux par les frémissements des trembles et des peupliers. D'autres fois elle nous apporte sur le bord des ruisseaux les bruits de la mer et les manœuvres des navires par les murmures des roseaux agités par les vents. Quand elle ne peut séduire notre raison par des images étrangères, elle l'assoupit par le charme du sentiment. Elle fait sortir du sein des forêts, des prairies et des vallons, des bruits ineffables, qui excitent en nous de douces rêveries. »

De célèbres écrivains de l'Allemagne, entre autres Jean Paul, Novalis, Gœthe, ont saisi vivement le lien qui unit les harmonies naturelles aux instincts les plus élevés, aux aspirations les plus idéales de l'âme humaine. L'évocation de ces harmonies, réalisée par les poètes et les romanciers dans le domaine de la parole, s'est continuée par Haydn, Beethoven, Weber et d'autres grands compositeurs dans le domaine des sons.

Comme expression des voix de la nature et des émotions du cœur, la musique est une langue universelle; à cette langue il manquait un instrument commode, portatif, populaire, par la beauté des sons, par la simplicité du mécanisme et par le bon marché. Tel est l'instrument créé par MM. Alexandre.

L'Orgue à cent francs est éminemment civilisateur. — Quest-ce que la civilisation? — Des hommes qui se disent positifs vont nous répondre : La civilisation, c'est la richesse, c'est le progrès de l'industrie, c'est la prospérité matérielle, c'est tout ce qui accroît le bien-être et les jouissances de l'homme, ce sont les forces de la nature mises au service de nos besoins. — Sans doute le développement du bien-être général est un des buts de la civilisation ; mais ce n'est ni le plus élevé, ni le plus noble. La grandeur de la civilisation résulte surtout de l'expansion la plus large possible de ses facultés morales ; et quel puissant moyen d'exciter les facultés qu'un instrument qui met à la portée de tous les plus exquises délicatesses de la mélodie!

L'Orgue à cent francs substitue aux loisirs avides les émotions pures et douces; il entretient dans les familles la concorde et la paix; il adoucit les mœurs, transforme les habitudes, agrandit la sphère des sentiments, fait disparaître les préoccupations absorbantes de l'égoïsme, enlève à l'intérêt personnel sa sauvage âpreté. — Comment voulez-vous qu'un homme soit haineux, vindicatif, cupide, sans cœur et sans entrailles, quand il vit habituellement dans une atmosphère toute imprégnée de poésie ? Comment voulez-vous qu'il ne soit pas bon, sensible, généreux, quant la musique le berce de ses idéalités les plus sublimes et les plus charmantes?

L'Orgue à cent francs, c'est tout un essaim des sentiments exquis, devant lesquels s'évanouissent le vice, l'orgueil, l'esprit de révolte. — Il inspire la charité et l'amour, dissipe les éléments de lutte et d'antagonisme, rend facile la résignation, et dans les âmes le plus fortement atteintes par la douleur fait rayonner l'espérance.

L'Orgue à cent francs est spiritualiste; — c'est l'idéal, le souffle poétique pénétrant dans les froides réalités de la vie; c'est la protestation la plus ingénieuse que pût trouver l'esprit français contre l'invasion du matérialisme. — L'Orgue à cent francs sera le gardien des nobles traditions; il défendra l'intelligence contre les sophismes qui la

dégradent, contre le doute et l'ironie.
Par l'attrait des émotions douces et des
harmonies suaves, il nous amènera
graduellement à l'amour du bon et du
beau.

Dans toutes les sphères sociales, dans
toutes les conditions de la vie, l'Orgue
à cent francs est appelé à rendre des
services signalés, inappréciables. Il aspire à devenir l'hôte assidu de tous les
foyers, et jamais hôte ne mérita de re-
cevoir un accueil plus empressé, plus
chaleureux.

Sa place est marquée dans le salon;
il s'y prête à tous les goûts, à tous les
caprices. Il a à sa disposition un réper-
toire de la plus attrayante variété. La
romance touchante, la chanson naïve
du bon vieux temps, les inspirations

dramatiques les plus élevées sont éga-
ment de son domaine.

Dans la modeste église du village,
l'Orgue à cent francs vient donner aux
solennités du culte un intérêt nouveau. Il est à remarquer, au surplus,
que son acquisition n'est pas au-dessus
des ressources des plus chétives communes. Quel est le cultivateur, le pay-
san, si pauvre qu'il soit, qui refusera
quelques centimes pour doter l'église
d'un instrument qui est à lui seul
un charmant diminutif de l'orchestre
complet?

Qui peut douter que dans les établissements publics, dans les écoles, dans
les ateliers, l'Orgue à cent francs ne
soit pas le bien venu?

L'immense succès de l'Orgue à cent
francs est une nouvelle preuve de cette
sûreté de coup d'œil avec laquelle notre

nation sait apprécier le côté pratique des idées nouvelles. L'esprit public n'a pas hésité un instant, il a compris tout de suite la portée d'une découverte qui se résume en ces mots: *la musique mise à la portée de tous*: et une fois qu'il s'est rendu compte de cette formule si large et si pleine d'avenir, l'entraînement a été universel, irrésistible.

Dire que l'Orgue à cent francs a reçu la consécration de l'esprit français, c'est constater en même temps que son influence est assurée, non-seulement en Europe, mais encore dans tous les pays où règne le goût des arts et de la musique. Dans les questions de l'ordre poétique et moral, la France exerce uue suprématie incontestable. Ses suffrages sont partout la règle de l'opinion. En mettant le sceau de la popularité à la belle invention de MM. Alexandre, la France lui garantit l'assentiment du monde civilisé.

L'Orgue à cent francs a devant lui de magnifiques perspectives. Qu'il poursuive donc la révolution qu'il a si bien commencée, révolution pacifique, celle-là, et qui ne doit apporter à l'humanité qu'un accroissement de jouissances.

RÉSUMÉ

Par les importants travaux qui ont marqué les diverses phases de leur carrière, MM. Alexandre se sont placés au premier rang des hommes d'élite qui ont relevé la profession de facteur de l'état d'abaissement où l'ont fait tomber certains industriels sans idées, sans intelligence. — En général, on prodigue trop, chez nous, cette qualification de facteur; on la donne indistinctement à tout individu qui a le moyen d'acquérir un brevet et de payer une patente, et il arrive ainsi que des marchands d'instruments, presque toujours étrangers à la théorie et à la pratique de l'art, sont placés par le vulgaire sur la même ligne que des hommes d'une capacité supérieure.

Qu'on songe donc aux qualités, aux connaissances diverses que doit réunir le véritable facteur : il faut qu'il soit à la fois savant et artiste, musicien habile et mécanicien consommé. Il faut qu'il soit initié aux lois de l'acoustique et à tous les secrets de la mélodie ; il faut qu'à la précision des sciences mathématiques il joigne le coup d'œil perçant et la hardiesse du génie ; il faut qu'il invente, qu'il perfectionne et que, tout en innovant, il tienne compte de la tradition, des résultats acquis, de l'expérience des siècles. Il faut qu'il marche sans cesse : la renommée et le prestige sont à ce prix.

Personne ne réalise mieux que MM. Alexandre ce type, cet idéal du véritable facteur ; des hommes de leur capacité ne pourraient se contenter d'une vogue commerciale. Nous avons vu par quels efforts soutenus, par quelle série de perfectionnements ils sont arrivés à l'invention du melodium, et plus tard à celle du piano-orgue. Après ces deux admirables découvertes, bien d'autres n'auraient eu d'autre souci que de recueillir les avantages matériels attachés à une brillante industrie.

Mais ce n'était là que la moindre préoccupation de MM. Alexandre; leur imagination rêvait de nouvelles conquêtes. L'Orgue à cent francs a été le corollaire, la déduction logique, le couronnement de leurs travaux antérieurs.

Au point de vue de la musique religieuse, telle que la comprend notre époque, l'Orgue à cent francs est une innovation d'une immense portée. — Assurément, personne n'admire plus que nous ces gigantesques instruments qui résonnent sous la voûte de nos cathédrales : il y a là des chefs-d'œuvre de patience, de combinaison, d'habileté mécanique qui font le plus grand honneur aux artistes qui les ont construits. Mais nous devons le dire, au risque d'effaroucher quelques esprits trop rigides, ces masses instrumentales ne sont que l'écho du passé : elles ne savent le plus souvent reproduire que de lentes psalmodies, de froides et monotones cantilènes ; elles ne s'adressent que rarement à l'imagination et au cœur.

Voyez pourtant ce qui se passe dans les hautes sphères de l'art depuis le commencement de ce siècle. Cherubini, Lesueur, Mendelsohn, Rossini, Berlioz, Ambroise Thomas ont jeté la musique religieuse dans un moule nouveau ; sur les formules arides du moyen-âge, ils ont fait courir le souffle de la poésie, ils ont retrempé la foi aux sources de l'inspiration moderne.

Cette transformation appelait un instrument nouveau, plus mélodieux, plus sympathique aux sentiments de notre époque, unissant la majesté, la tendresse et la douceur.

Cet instrument, véritable interprète de la musique religieuse moderne, cet instrument populaire, qui a déjà la sanction des sommités de l'art et de la science, l'Orgue à cent francs en est l'expression populaire.

Ainsi, non-seulement il sera la joie du foyer domestique, l'orchestre du bal de famille, l'accompagnateur des concerts d'intérieur, mais par ses chants inspirés il dotera chaque maison des harmonies qu'on va chercher sous la nef des églises.

LÉO LESPÈS.

Paris. — Imp. de E. Brière et Cᵉ, rue Ste-Anne, 55.

Paris. — Imp. de E. BRIÈRE et Cᵉ, r. Ste-Anne, 55.

www.ingramcontent.com/pod-product-compliance
Ingram Content Group UK Ltd.
Pitfield, Milton Keynes, MK11 3LW, UK
UKHW022101070726
13613UKWH00002B/903